JN411321

오늘의문학시인선 390

더덕, 꽃 피다

김유성 시집

오늘의문학사

국립중앙도서관 출판시도서목록(CIP)

더덕, 꽃 피다 : 김유성 시집 / 지은이: 김유성. -- 대전 :
오늘의문학사, 2017
p. ; cm. -- (오늘의문학 시인선 ; 390)

ISBN 978-89-5669-809-0 03810 : ₩9000

한국 현대시[韓國現代詩]

811.7-KDC6
895.715-DDC23 CIP2017008100

더덕, 꽃 피다

■ 詩作 노트

혼자서는 오를 수 없는 그래서 그 누군가가 꼭 필요할 때 빛도 없이 이름도 없이 선뜻 등걸을 내어주는 사람이 있다면 얼마나 행복할까요?

지치고 힘들 때 내어주는 등걸이 있어 고난과 역경을 딛고 작지만 아름다운 꽃을 피웠다면 이제는 그 역할을 제가 해야 할 때가 되었다고 생각합니다.

비록 연약하고 작은 등걸이지만 나를 필요로 하는 힘들고 지친 이에게 내어드리고 싶습니다.

첫 시집 「수남마을 이야기」가 세상에 나온 지 벌써 5년이 되었습니다.

두려움과 설렘 속에서 정신없이 펴낸 첫 시집을 다시금 대하노라니 부끄럽고 송구한 마음이 앞섭니다.

이제는 조금 나은 글을 펴 낼 수 있을까 하는 용기를 내 보지만 역시나 부끄럽고 송구한 마음으로 졸작들을 모아 두 번째 시집을 엮어봅니다.

역경 위에서 소박하게 꽃을 피울 수 있도록 물심양면으로 저를 격려해 주신 가족과 지인께 고마운 인사를 드리오며, 좌절하지 않고 꿋꿋하게 일어설 수 있도록 붙들어주시고 인도하여 주신 하나님께 이 모든 영광을 돌립니다.

아울러 두 번째 시집이 탄생하기 까지 많은 가르침을 주신 선배 문인들께 감사의 말씀을 올리오며, 미흡한 글에 대하여 과분한 해설을 써주신 조남익 선생님께 깊은 감사를 드립니다. 또한 예쁘고 아름다운 시집 편집에 열과 성을 다하신 오늘의문학사 리헌석 이사장님과 직원들에게도 감사의 인사를 올립니다.

2017년 4월

저자 김유성

오늘의문학 시인선 390

더덕, 꽃 피다

1부 곰방대

2부 숲에서

3부 '산막이 옛길'을 걸으며

4부 버팀목

1부

곰방대

몰래 감춰버리고 싶었습니다.
메스꺼운 연기가 싫고
조신하지 못한 모습이 미웠습니다.
곰방대에 숨은 깊은 뜻을
그 때는 몰랐지만
자식을 키우면서야 깨달았지요.

옥수수 하모니카

매미 악쓰는 감나무 그늘에서
고소한 맛에 미소 짓다가
늦둥이 챙기느라 뒷전이시던
어머니 뒷바라지에 눈시울 적셨다.

코스모스 간질일 무렵이면
마을 청년들 팽나무 아래에서
처녀들한테 구성지게 연주해 주던
금빛 하모니카가 너무 부러웠다.

그 밤이면
텃밭 물외만한
옥수수 깡탱이가 닳도록
입언저리 부르트는 줄도 모른 체 협연했다.
개밥바라기별이 질 때까지

샛골 부엉이는
굵직한 바리톤으로.
늦둥이는
목 찢어지는 테너로.

* 깡탱이 : 옥수수 찌꺼기의 전라도 방언

맹감*

누가 따 먹는다고
가시로 무장하고
덤불까지 쳤느냐?

초봉골* 콩밭 매러 간
엄마 찾아 나설 때
주린 배를 채워주던
고운 빨간 열매

가난한 친정 다녀오던 새댁
빈 보따리 염치없어
눈물범벅 콧물범벅
이바지 대신 담던 열매

스산한 가을 산에서
빨갛게 연지 바른 어머니
밤 새워 기다리시더니
찬 이슬에 흠뻑 젖었다.

* 맹감 : 명과의 전라도 방언
* 초봉골 : 고향 마을 옛 지명

고구마

한샛골* 다랑이 가을걷이 끝나고
장승등* 문중 밭에 무서리 내리면
겨우내 먹을 양식 거두려
손수레 끌고 온가족이 나선다.
엄마 뒤를 따라나선 늦둥이
줄기 거두라는 말은 뒷전이고
머리통만 한 알맹이 신기해서
옷 젖는 줄 모르고 뒹굴었다.

짧은 해 샛골* 능선에 걸리면
행복 가득 찬 손수레 끌고 밀며
휘파람 구성지게 내달리던
국화 향 그윽한 황톳길
좁은 안방 윗목에 두대통* 만들고
밤늦도록 갈무리 하고 나면
뿌듯한 기쁨에 피어나던 웃음꽃.

* 한샛골, 장승등, 샛골 : 고향 마을 옛 지명
* 두대통 : 겨울에 고구마를 방에 보관하기 위해 대나무로 엮어 만든 원통형 용기(전라도 방언)

곶감 먹는 밤

눈 내리고 부엉이도 잠들면
초코지* 불 밝혀놓고
이불속에 발 모은 채
두런두런 곶감 먹는 밤
얼음 같은 차가움에
앞니 빠진 늦둥이가 찡그리면
환한 웃음꽃이 피어나던 밤.

달콤함에 빠져
어머니 옛날이야기에 빠져
함박눈이 토방*을 넘을 때까지도
초가지붕 아래는 따스했다.
곶감 한 입 물고
지그시 눈 감으면
세월 저편에서 미소 짓고 계시는
지금도 뚜렷이 떠오르는 얼굴

* 초코지 : 등잔의 전라도 방언
* 토방 : 마루 아래 댓돌이 있는 자리로 땅바닥보다 한 자(약 30cm) 정도 높다.

짜장면 한 그릇

보리밥에 된장국도
넉넉하면 좋았던 시절
도시락은 못 가져가도
저금돈은 챙겨야했다.

십리 통학 길
주린 배의 유혹도 많았지만
앞만 보고 달렸다.
불어나는 통장을 보면서

졸업 만기 저금 돈
1,200원 타던 날
나 혼자 중국집에 들러
30원짜리 한 그릇을 시켰다.

난생 처음으로
어머니 몰래
두근거리고 미안한 마음으로
사먹었던 짜장면 한 그릇

구유

소 한 마리면 큰 재산이던 시절
우리 방 청소는 못해도
언제나 말끔해야했던 외양간.
구유가 지저분한 날은
밥도 거른 채
밤늦게까지 이어진
누렁이 방 청소에 짜증이 났다.

우시장으로 끌려가던 날
고삐 잡은 아버지 손이 떨리고
왕방울 눈에 맺힌 이슬을 보았지만
뒤돌아서 미소 지었다.
아버지 혼자 돌아오시던 밤
어두운 외양간에서 숨죽여 흐느끼던
아버지 울음소리.

겉으론 통쾌했지만
주인 잃은 구유 앞에서
텅 빈 느낌을 지울 수 없어
빈 외양간에 하염없이 앉아있었다.

살구

보릿가을 땀 흘리는
식구들 몰래
고목나무 타고 오른다.

어느새 밀짚모자 쓰고
바구니를 두 개나 준비한
소꿉친구 향순이.

몽실몽실
매달린 가지를 흔들면
상추 밭 뭉개며
우박처럼 떨어지는 살구

꾸중 무서워
바구니 안고 숨던 보릿단에서
피어오르던 보랏빛 향기

밥 먹는 것도 잊은 채
히죽거리던 시절이
엊그제인양 눈에 선하다.

밤 줍던 날

알밤과 도토리를 줍던 날
어머니께서 이르시던 말씀

'산 짐승 먹을 거는 남겨야 한다.
쥐도 막 다른 골목에서는
고양이에게 달려든다. 잉'

텃밭 고목나무 감을 딸 때도
까치밥은 꼭 남겨야 한다고 하셨다.

학교 문턱도 넘지 못한
어머니의 어머니
그 전 전 어머니로부터 전해 내려온
삶의 가르침!

멧돼지가 도심에 출현하고
고라니 사체가
도로변에 널려 있다.

누가
그들을 화나게 했으며
그들을 죽게 했는가.

무안한 마음에
가벼운 마대자루 들고
서둘러 내려왔다.

곰방대

몰래 감춰버리고 싶었습니다.
메스꺼운 연기가 싫고
조신하지 못한 모습이 미웠습니다.
곰방대*에 숨은 깊은 뜻을
그 때는 몰랐지만
자식을 키우면서야 깨달았지요.

읍내에서 온 생선장수 아줌마를
비좁은 방에 재우면서
무에 그리 할 말이 많은지
울다가 웃다가 밤을 새우는 날이면
재떨이에 그득하던 봉초* 담뱃재.

쉰둘에 홀로 되신 후
기나긴 동지섣달 밤에
눈물 섞인 푸념 다 받아주고
벗 되어 준건 그 곰방대 뿐 이었으리.

길게 품어내는 흰 연기 속에
차마 말 못한 한숨이 녹아있고

허벅지 찌르는 아픔이
숨어 있었을 것입니다.

탁 탁
나무 재떨이에 곰방대 터는 소리
요즘 같이
함박눈 소복이 내리는 밤이면
많이 많이 그립습니다.

* 곰방대 : 짧은 담뱃대
* 봉초 : 질이 제일 낮은 잎담배

복숭아와 씨암탉

: 2014년 6월 초순

그 때는 몰랐다.
뒷마당 샘터에서
잘 익은 복숭아 벗겨주시며
껍질이 맛있다고 하신 말씀을.

복더위 전에 몸보신해야 한다며
아끼던 씨암탉 삶아 주던 날
딱딱한 발목이 맛있다고
얼른 집어 드시던 당신.

세월호의 아픔이
가슴을 짓누르지만
생떼 같은 자식 차가운 물속에 남겨둔
부모 피울음만 같으랴.

먹먹하게 지낸 두 달여!
팽목항으로 달려가고픈
미안하고 죄스러운 마음을
6월의 희뿌연 하늘에 띄워본다.

귀앓이

듣지 말아야 할 말을 듣고
한쪽 귀로 흘릴 것을 간직함인지.

발가벗고 개천에서 멱 감다보면
한 밤중 귀앓이는 연례행사였다.
밤을 지새운 건 나 혼자가 아니었다.

어머니 손에 끌려
연포마을까지 가면
무서운 돌팔이 의사가 있었다.
희한하게도 금세 나았다.

콧노래 부르며 돌아오는 길
벼논에서 뜸부기 날아오르면
새 옷이 대수냐!
흙탕물 범벅된 채
뽀얀 알들고 희죽 웃으면
찡그리시지만
헛웃음 지으시던 어머니.

어도魚道

물막이에 길 잃은 물고기
아버지가 만들어주신
어도 따라 잘 뛰어올랐다.

작은 배려에
그들은 생명을 구했다.

지나온 발자국에
한 줄기 어도가 있었다면
주춤거리지 않고
주저앉지도 않았으리.
눈물 흘리지 않고
방황하지도 않았으리.

아쉽고 아픈 시간이었지만
어차피 내 삶이 아니던가!

남은 시간만큼은
어도를 만들어주신 뜻을
새기는 시간이기를

빛바랜 주민등록증

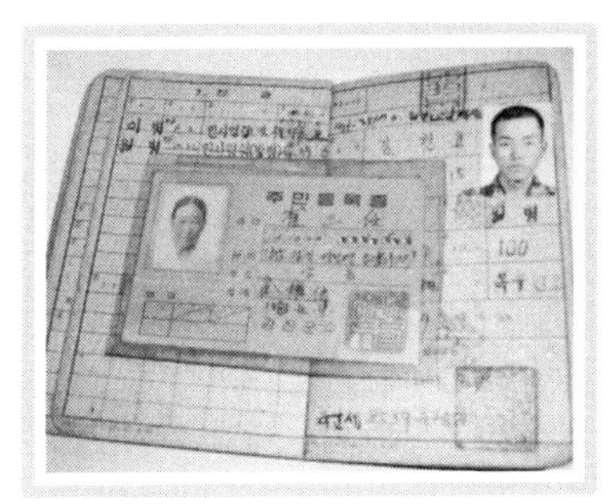

먼지 낀
병역 수첩 갈피에
꼭 숨어있는
누르스름한 주민등록증

꿈에서도 그리운
어머니 얼굴

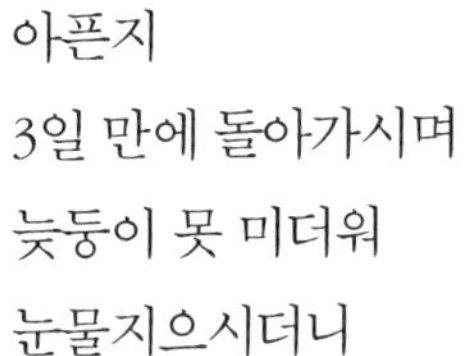

아픈지
3일 만에 돌아가시며
늦둥이 못 미더워
눈물지으시더니

그 아들
수첩 속에서
지금도 지켜주고 계시군요.

김장하는 날

두레박 샘가로
앞치마 둘러친 아낙네들
삼삼오오 모여들면
향긋한 액젓 냄새
돌담을 넘는다.

매콤 달콤 김치 폭에
돼지고기 수육!
막걸리 한 사발 곁들이면
주름살 얼굴에 번지는
행복한 미소

늙은 감나무 아래
옹기항아리 묻으면
덕지덕지 갈라진
매운 손끝에서
식솔들 한 해가 평안하다.

동지冬至

찹쌀가루 부드러운 감촉에
꾸중도 무시 한 채
비좁은 방을
눈사람 되어 뛰어다녔다.

따끈한 팥 새알죽
산지기 집까지 나눠주고
어두워서 돌아올 적
환한 미소로 밝혀주던
'간샛골'* 반달

"오래자면 허리 아프단다."
그 때는
실감 나지 않았지만
허리도 아프고 목도 말라
이른 아침에 눈이 떠진다.

* 간샛골 : 수남 마을 좌측 능선

영정을 모시고

: 2015. 6월 중순

제사 모시러가는
무거운 귀향길.
큰 아들은 일찍 떠나고
막내아들은
거르기 일쑤였다.

객지생활 이해하겠지만
기일도 못 지키는 아들이
야속하실진대
꿈에서조차 원망한 적
없으시더군요.

홀 며느리한테
제삿밥 얻어 잡수시느라
그동안 얼마나 미안하셨습니까?
늦었지만 이제야
누추한 제 방에 모시오니
마음 편히 영면 하소서!

긴 세월 수고한 형수의 노고도
칭찬하고 위로하옵소서!

묵은 세배

: 2015, 음력 섣달 그믐날에

가는 겨울이 아쉬워
차마 녹지 못하는가.

산비탈 잔설 따라
노후를 함께하는 나눔의 집에
묵은세배 가던 날

고향집 감나무에
둥지 틀던 까치 가족들이
여기까지 날아와 반기는가?

한사코 사양해도
대문 밖까지 배웅 나와
미루나무 그늘로 사라질 때까지
눈물 그렁거리며 손 흔드시네.

흐릿한 시야 추스르러
올려다 본 어스름 하늘가에
꿈에서라도 보고픈 어머니
환하게 웃고 계신다.

2부

숲에서

신록색 옷단장이 싱그럽다.
오염에 찌든 가슴 솔바람에 씻어내고
미디어에 짓무른 눈동자를
그늘에 쉬어본다.

숲에서

진녹색 옷단장이 싱그럽다.
오염에 찌든 가슴 솔바람에 씻어내고
미디어에 짓무른 눈동자를
그늘에 쉬어본다.

심봤다 외치는 소리 들리지 않고
취나물 뜯는 손길만 분주한 오후
어린 고라니 가시덤불에 허우적거린다.

다리라도 상했는지 돌봐주려 했더니
애처로운 울음소리 엄마를 찾는구나.
멧돼지 같은 기세로 주위를 맴돌며
새끼 부르는 어미의 애절한 울부짖음!

두렵고 미안한 마음에
서둘러 하산했다.

보청기

구순도 넘은 이 권사!
스스로 걸어 교회에 나가고
새벽 예배도 거르지 않는다.
닭과 고양이, 토끼 밥 주는 일도
자기 몫이라 애완동물들이 잘 따른다.

벚꽃 흐드러지던 봄 날
의자에 멍하니 앉아있는 노 권사.
쑥 뜯으러 나갔다가
생명 같은 보청기를 잃어 버렸단다.

가축들 밥도 거른다는 소식에
마음을 졸였는데
다시 보여준 밝은 모습!
"아들이 사다줬어! 히 ~ 히 ~ 힛"
찬송가에 맞춰 어깨춤을 춘다.

닭과 고양이, 토끼가
굶지 않아도 되었다.

더딘 계절

꽃잎에 앉은 진눈깨비.
계절을 넘어 심술부리더니
금세 졌다.
과수원 농부의 한숨소리는
누구의 잘못이란 말인가.

황사 그득한 덤불사이에
반 쯤 남은 고라니 사체.
추위와 굶주림에 쓰러진 듯한데
새끼 걱정에 차마
눈을 감지 못 하였구나.

스스로 만들어 낸
계절의 변화 앞에
한없이 나약해지는 우리 모습.
흐려지는 시야 탓에
산나물 바구니 내려놓는다.

하이킹

휘파람 불며 가자
바람결 싱그러운 세계로.
연초록 수양버들
벌 나비 황홀한 들판을
강아지처럼 뛰어간다.
이제는 하이킹이다!

가족 텐트 옆에 쉬면서
그 시절을 그려본다.
이십 리 신작로 길은
워글거리는 자갈밭.
도시락은 늘 비빔밥.
불안하고 바쁜 마음에
예쁜 꽃을 본 기억이 없다.

어렵게 장만한 고물자전거는
어린 가슴을 많이도 태웠는데
졸업식 날 정근상의 영광은
그 자전거 덕분이었다.

더덕, 꽃 피다

등걸이라도 있어야한다.
혼자서는 오를 수 없기에.
어느 때쯤 되어야
홀로 설 수 있을까.

장맛비에 함빡 젖고
땡볕에 타들어 가면서도
복더위 한 가운데
아름다운 망울을 터뜨렸다.

서늘한 바람이 숲을 가로지르면
따스한 햇살이 깨울 때까지
엇갈린 인연들을 묻어 둔 채
동면의 나라로 빠져들고 싶다.

남아있는 적은 시간을
보람 있게 쓰기 위해
이 겨울은 충전하리라.
아무에게도 간섭 받지 않고.

매미

5년도 넘게 어둠 속에 있었다.
갑옷도 입지 못한 채
적들을 피해야만 했다.
가족과 친구들이 힘없이 죽었고
살아남기 위해 낮게 엎드려야했다.

천신만고 끝에 햇빛을 보았다.
내 세상을 만난 듯
신나게 울어 젖혔다.
아래는 폭염에 시들어갔지만
나무 위는 천국 그 자체였다.
짝짓기하고 풍악에 젖었다.

영원할 것 같던 여름이 가고
찬바람이 불어왔다.
긴 기다림 끝에 찾은 행복은
너무 짧았다.
그 날이 이리 빨리 올 줄
생각하지 못했다.

옻샘*

하얀 모래로 양치질하고
얼음보다 차가운 물로 씻으니
가려움이 싹 가셨다.
약보다 더 잘 나았다.

깊이를 알 수 없는 땅 속에서
할아버지 전 전 때부터
항상 줄지 않는 신비스런 수량.
여름엔 시원하고 겨울엔 따스하게

미세먼지 씻겨 지고
묵은 체증 가라앉히는
알싸한 물 한 잔 얻어 마시니
이 여름은 고이 나겠구나.

* 옻샘 : 대전광역시 대덕구 소재 계족산 아래 산디마을에 있는 천연 옹달샘

철 이른 잎 새

: 2013. 10월 초순 안타까운 친구의 부음을 접하고

긴 한파 견디고
봄볕에 웃던 날
까치는 풍악을 울리고
벌 나비는 춤을 추었다.

세월 좋다 건들거리며
차마 예측하지 못한 뒷날.
모두들 오색 단장 분주한데
서둘러 떠나야하는
돌아오지 못 할 길.

가슴을 저미는
뒤늦은 후회.
되돌리고 싶은
시간들.

삶의 수레바퀴는
어김없이 굴러가고
애달픈 목울음은
귀뚜라미 고성에 묻히는데.

여행

회색 숲을 벗어나보자.
외롭다면 말벗을 구하면 될 일이요
허기지면 우동 한 그릇 하고
졸리면 정각에서 쉬어가리라.

길을 떠나는 것은 도피가 아니요
미지의 세계는 늘 설레게 한다.
낯선 사람들과 벗이 된다면
이 얼마나 즐겁고 행복한 일인가

청마 울음소리 산을 넘고
반딧불이가 밤길을 인도한다.
종착역이 저 만큼이지만
고추냉이 같은 세파를 피해
오늘밤은 예서 잠시 쉬어가련다.

달빛 베개 베고
별빛 이불 덮고서

산수유

: 2014. 3월 중순

춘설에 다소곳이
노란 꽃망울을 터뜨리려고
동지섣달 거친 눈보라를
온 몸으로 참아 내었느냐.

오빠 대신 형장으로 끌려가던
열아홉 처녀가
한 많은 세상을 원망한 채
피를 토하며 불렀던 꽃말이여.

못다 이룬 슬픈 사랑
저승에서나마 이루기 위해
해보다 더 붉은
열매를 꿈꾸는구나.

봄바람이 유혹하는데
눈 길 한번 주지 않아 멋쩍으나
고사리 손 같이 앙증맞은
꽃그늘에 앉아 잠시 쉬련다.

* 산수유 꽃말 : 아들 셋 중 첫째는 일본 징용 때 죽고, 둘째는 여순 사건 때 처형당하고 마지막 아들이 빨치산에 가담했다는 이유로 처형당하게 되자, 오빠를 살리기 위해 열아홉 살 먹은 여동생이 남장으로 위장하여 끌려가게 되었고, 형장가면서 '산동애가'라는 구전가요를 남겼는데 산수유 꽃 이야기가 나옴.

뚱딴지 꽃

못생기고 맛없다 하지만
나름대로 쓸모가 있답니다.

화사하게 단장하면
그리웠던 옛 친구 찾아오고
백합, 수국 부럽지 않을 겁니다.

얽히고설킨 나의 가시밭길
어찌 바른말만 합니까.

가슴 한 쪽을 검은 손으로 가리며
허공에 외쳐대는 허허로운 변명

세끼 양식을 얻기 위한
처절한 몸부림이라고.

* 뚱딴지 꽃 : 일명 '돼지감자 꽃'을 지칭한다. 못생기고 역한 냄새가 나는 모양새에서 엉뚱하게도 예쁜 꽃이 핀다고 해서 '뚱딴지 꽃'이라 한다. 요즘은 당뇨, 변비에 좋다하여 돼지감자가 각광을 받는다.

옹기甕器

: 2014, 8월 중순 프란치스코 교황 방문에 즈음하여

'김수환' 추기경의 아호는 '옹기'였다.
민초들의 친근한 벗으로
지금도 아련하게 남아있는
투박하고 정감어린 자취.

먼데서 오신 귀한 손님에게서도
옹기의 기가 풍긴다.
'세월호' 유가족에게 건네는 온화한 위로.
꽃동네 장애아들과의 스스럼없는 포옹.
위안부 애환을 경청하는 진지함에서
투박하고 감칠 맛 나는 옹기가 떠오른다.

가난하고 소외된 자를 먼저 찾고
이 땅에 필요한
화해와 소통을 일러주신 분.
막바지 태양이 아직 따가운데
대지를 적셔주는 한줄기 단비였다.

낙엽을 쓸며

쓸어도
쓸어도
한이 없다.

몽당 빗자루 되면
깨끗해지려나.

고추냉이 같은
가시밭길
번져만 가는
검은 흔적들

얼마나
더 쓸고
언제까지 지워야 할까

어떤 주검

깨 수확 하자더니
삽과 괭이를 챙기며
느닷없이
고라니를 묻어 주자고 한다.

감을 따던 날
*빠삐를 공격하던
들개의 소행이리라

온 산이 떠나갈 듯
울부짖던 고라니의 절규
마음은 간절했으나
차마 달려가지 못했다.

남겨진 새끼들 생각에
마음이 먹먹하여
작은 무덤만 자꾸 토닥였다.

* 빠삐 : 애완견 이름

윤 구월閏 九月 보름달

: 2014. 11월 7일 윤 구월 보름날에

새벽하늘에 걸린
윤 구월* 보름 달.
100년 넘어 찾아왔건만
한숨만 가득한 땅에서
아옹다옹하는 모습만 본다.

자동차와 빌딩 사이에서
매연에 찌든 영혼과
이기심으로 얼룩진 양심.
헐벗고 가난했지만
따스한 정을 나누며 살아왔던
금수강산이 아니던가.

맹골만 차가운 물속에서
돌아오지 못하고 있는
아이들을 놔두고 어찌 떠날 수 있으랴
누가 우리 아이들을
어둠속에 빠뜨렸으며
무엇이 그들을
돌아오지 못하게 하는가.

차마 떨어지지 않는 발걸음
주춤 거리면서 손 모아 빌어본다.

다시 찾을 그 날에는
잘려진 허리 이어지고
눈물과 아픔이 없는
온유한 땅이기를.

* 윤 구월 : 1832년 이후 182년 만에 왔으며 95년 후인 2109년에 찾아옴. (천문연구원 자료)

청소부 아줌마

머무르고 싶은 화장실
반짝거리는 현관과
깔끔한 계단은
허리 휘도록 수고한
땀의 결과다.

청소부 아줌마를
함부로 부르지 말자.
자녀들 대학까지 가르친
고귀한 어머니요
병치레 남편대신 생계를 책임지는
억척스런 아내가 아닌가!

굽은 허리
잠시 펴도록
따끈한 차 한 잔 대접하며
주름진 얼굴
잠시나마 환해지도록
정겨운 말 한마디 어떠랴.

백목련

: 2015. 1월 중순

찬바람에 버티면서
망울을 키우다가
훈풍이 불기 전
하얀 입술을 살포시 열었다.

환희의 순간은
오므렸던 팔다리가
채 펴기도 전에 흘러가고
꽃샘추위와 황사 바람에 쫓겨
체면도 없이 떨어진 꽃잎이여!

줄을 서던 벌 나비
돌아선 자리에서
비바람 장단에 맞춰 추는
한풀이 춤.

질곡의 눈물 훔치면서
내년에도 꽃을 피우기 위해
생수 한 병 배낭에 넣고
등산화 끈을 꽉 조인다.

봄 비

꽃샘바람도
쉬어가는 오후

물안개 드리운 들녘에
겨울을 밀어내는 단비 내리니
메마르던 다랭이 논도 잠기고
잡념으로 충혈 된 내 눈도 잠긴다.

정착하지 못하고
객지에 있는 아이
모처럼 들렀기에 정신없이 헤매다가
부침개 냄새에 퍼뜩 깨어났다.

아이는 없고
눈꺼풀은 무거운데
겨우내 움츠린 갈증을 풀려는 듯
뜨거운 빗줄기 가슴을 때린다.

씀바귀

긴 겨울 견디며
쓴맛으로 거듭났다.

겨울잠에서 깨나
문자와 이메일 홍수를 만나니
배려는 없고 타산만 앞서는구나

현란한 제스추어와
파격적인 선심공약은
허무함 뿐 아니던가!

지금은 쓰다고 외면 받지만
불량해킹을 막아주는
구원의 백신이 될 것이요

느리고 불편하지만
오래도록 기억될
손 편지가 되고 싶다.

아가야 우지마라

: 2015년 6월 중순

이중 방호복에 어깨가 늘어지고
밀려드는 공포감에 가슴이 서늘해도
엄마에게 생을 의탁한
애절한 눈빛을 외면 할 수 없단다.

음압 병실 2중창 너머로
모처럼 단비가 내리는구나.
타들어가는 가족의 가슴에도
이 단비가 스며들면 얼마나 좋겠니.

아가야 우지마라!
가뭄 끝에 단비 내리듯
* 메르스 물러가는 그날이 오면
얼싸안고 찐하게 뽀뽀해주마.

사랑하는 내 아가!

* 메르스 : 중동 호흡기 증후군. 전염성이 매우 강해 많은 인명을 앗아감.

잡초

이른 봄 꽃 볼 수 있을까
들판에 나섰더니
잔설 아래 벌써 움트고 있네.

봄을 재촉하는 비는
예쁜 꽃만 좋아한 줄 알았는데
잡초에게도 베풀 줄이야

밟힐수록 단단해지는
네 의지 앞에서
자꾸 움츠러드는 나의 자존심

없다고 불평하고
적다고 투덜대지 않았던가.
살며시 돌아서
오던 길 재촉한다.

이끼

발길에 무참히 짓밟혀도
입 꽉 다문 채 참아내련다.
숨 막히는 목 졸림
그 고통에서 벗어나려면
처절하게 짓뭉개어져야 하리라

갑질에 휘둘리고
황사바람에 메마른 뿌리라도
촉촉히 감싸 줄 수 있다면
여백 없는 평범한 일기장에
밝은 점 하나 찍는 건 아닐까.

오늘만큼은
떠도는 유랑자들의
포근한 양탄자이고 싶다.
부어오른 다리와 시큰거리는 허리가
편히 쉴 수 있도록

수박

폭염을 이겨내고
장마도 견뎌가며
꽉 채운
빨간 속살

남몰래 간직한 맘
내보일 수 없어
얼룩무늬 둥근 집
단단하게 지었다.

더위 물러가고
기다린 손님 찾아오면
온정에 목마른 입술
촉촉이 적셔 주련다.

등 목욕

: 2016. 8월 초순 고추 수확하며

때를 지켜 잘 영근 고추.
한 가득 광주리에는
함박웃음이 흐른다.
농심農心이 흐른다.

서투른 농사일에
땀만 범벅이니
품삯은 고사하고
세탁비나 건지려나.

땀을 씻으러
수돗가에 엎드리니
물바가지 세례에
바지까지 목욕했네.

그 시절 우물가에 엎드리면
얼음 같은 펌프 샘물로
조심조심 씻겨주시던
따스하고 부드러운 그 손길.

구절초

동장군 버티면서
뿌리를 지켜내고
뙤약볕 가뭄에는
이슬로 목 축였다.

못 이룬 청운의 꿈
설움이 가슴에 쌓여
고향 길 언덕배기
백설기로 피어난 몸

어깨동무 정겹던
옛 친구들 그리워
작은 입 살포시 열고
불러보는 망향가

예배 가는 길

주일 아침 골목이
정적에 잠겨있다.
원죄를 가슴에 품고
속앓이를 하고 있는지

폐지 줍는 할머니 등에
땀에 젖은 아지랑이 피어오르면
죄인 아닌 죄인 되어
속울음을 삼킨다.

국화 꽃잎에 새겨 놓은
용서받지 못 할 면죄부를
마주잡은 손에 떨어지는
눈물 한 방울로 대신 할 수 있을까

흐린 발자국은
거센 회오리 불기 전에
맑은 물로 씻어 내련다.
하얀 눈을 맞이하기 위해.

사과의 독백

: 2016, 10월 하순

얼굴이 붉다고
마음까지 붉겠는가!
백옥 같은 속살에
달콤함을 더 했으니
서운함일랑 잊으면 어떨까.

가을 햇살 듬뿍 받아
맛있게 익었으니
이 빛깔과 고운 향기
이웃들과 나누면서
빨갛게 상기된 채로
둥글둥글 살련다.

가을 개나리 앞에서

: 2016. 11월 중순 속죄하기도 두려운 계절에

때를 잃어버린 꽃은
꽃이 아니다.

그러나
원망의 눈초리로
돌팔매질 하지 않겠다.

앞만 보고 가는 삶이
어디 있으며
죄인 아닌 사람이
어디 있으랴

내 탓이요
속죄하며
두 손 모은다.

호수에 잠긴 가을

밤을 새도 거뜬하고
무쇠도 녹일 열정이 있었다.
창공을 치솟는 죽순처럼
거침없는 사랑도 했다.

시간을 거역하지 못하고
무서리 하얗게 내리면
이제는 내줘야 할
내 불꽃같던 시절이여!

철새도 날아가고
억새꽃마저 떠난 자리에서
뜨거운 눈물만
호수에 뿌려야 하는가.

불긋한 모습 그대로
물속에 깊이 잠겨
어지럽고 분주한 세상을 피해
나만의 가을을 간직하고 싶다.

첫 눈

: 2016. 11. 26. 첫 눈 오는 날에

마지막 단풍마저
하얗게 묻어버리는
고집 앞에서
어찌 하소연할 수 있겠는가.

자꾸만 뒤돌아보는
나의 셈법
누군가에게 내보이고 싶은
추악한 나의 욕심

질퍽거리는 눈밭에
낡은 신발이 다 젖어도
한사코 감싸 안으며
헤쳐 나가야 할 나의 길이여!

하늘의 무거운 채찍 앞에
이제는 무릎을 꿇자.
내일의 햇살에 빛날
하얀 세상을 그리며…

3부

'산막이 옛길' 을 걸으며

호반 골바람을 못 이겨
어지러이 춤을 추고 있는
구절초
얽혀버린 다래 넝쿨 사이로
주인을 기다리는 다람쥐
제풀에 늘어져 낮잠을 잔다.

평창강은 지금도 푸른데

: 2005. 9월. 26년 만에 찾은 평창 문우 집에서

다시 찾은 평창강은
변함없이 푸른데
잊을 법도 한 옛 벗을 알아본
그대가 참으로 기특하네.

불편한 몸 이겨낸
그대의 의지력이
온전한 사지로 게으름 피우는
내 가슴을 무안케 하는구려.

세월 못 이겨 흰머리 성성한
오두막의 옛 벗!
별 빛 아래 주고받는 잔속에
못다 푼 사연들이 넘실거리네.

취해 잠든 주름살 얼굴
한참동안 바라보다가
살며시 되돌아서는 새벽 강가로
물안개가 소담스럽게 피었다.

옛 벗은 반가운데 — 답 시조

李宇英*

옛 벗은 반가운데
산천은 서러워라
산천이 서럽길래
옛 벗이 더 반가워
반가운 옛 벗 데리고
설운 산천 이야기

흰머리 안났더면
체면 없이 울련마는
흰머리 났길래로
설움이 더 깊어서
말로는 못 다 푼 정을
한숨으로 풀어라

* 이우영 : 시조시인. 강원문인협회 회원

달도 머물다 간 자리 — 月留峰*

: 2012, 8월 하순

물안개 피어오르면
한 봉우리씩 차지한 채
떠나지 못하는 밤.
달빛에 취해 숨을 죽이면
절벽을 휘감는 물결 소리가
처녀의 영혼을 위로한다.

늦은 기침 소리에
살며시 다가서니
어두운 우암 사당 툇마루에
월류봉을 응시하는 그림자 하나.
명예와 학식을 강물에 흘려보내고
후대의 번영을 애처롭게 바라고 있는지.

아!
아등바등 살아 온 날들
살포시 눈감고 내려놓는다.
달도 머물다 간 자리에서.

* 월류봉 : 충북 영동 황간에 있는 봉우리. '달도 머물다 간 자리'라는 별칭이 붙은 명소

궁남지 솟대

: 2012, 8월 하순

날아오르고 싶다 낙화암으로.
너울너울 꽃잎 된 낭자 곁으로.
날아오르지 못한 설움
깃털마저 빠진 채
미루나무 저편으로
백마강을 바라본다.

삿갓 벗어던진 사공
구슬땀을 흘리는데
서쪽으로 가는 황포돛배는
무슨 소원을 싣고 오려나.
서동 선화 애틋한 사랑
포룡정* 용마루에 나풀거리면
솟대를 노래하던 늙은 시인이
절룩거리며 잉어 밥을 뿌린다.

* 포룡정 : 부여 궁남지 연못 가운데 세워진 정각

추풍령

: 2012. 10월 중순

배롱 꽃 살랑 거리는
고속도로 준공 탑
한 계단 한 계단이
핏빛으로 얼룩졌구나.

대동맥 만드는 사명감에
빛도 없이
스러져 간 영혼들이
차량 물결을 굽어보고 있다.

임들의 피 값으로
산업화를 완성하고
정의롭고 풍요로운 나라 만들었다고
자신 있게 말 할 수 있는가!

과거에 낙방하고
주저앉아 울던 고갯길
함께 울어주던 주모는 없고
갈 길 먼 나그네는
희뿌연 안개가 붙든다.

그대의 발길을 돌리는 곳 — 마곡사에서

: 2013년 3월 중순

이른 봄 차가운 안개가
외투 깃을 붙드는데
태화산 고갯길을 무슨 연유로
숨 가쁘게 넘었는가.
바깥세상 질긴 인연
눈보라에도 굴하지 않는
오층석탑 탑돌이에
훨훨 날려버린다.

구도의 길 스스로 깨우쳤으니
마곡천 징검다리 건너
옛 인연이 찾아온 들
무슨 소용이랴!
뱁새 한 마리 파르라니 떨고 있는
굳게 닫힌 요사채
'그대의 발길을 돌리는 곳'
사선으로 걸린 낡은 간판만이
안개비에 흠뻑 젖는구나.

덕유산에서

: 2013. 8월 하순

곤돌라 유리창으로
가는 계절이 아쉬운 듯
부서지는 따가운 햇살.

설천봉 오르는 몇 분 이나마
무더위에 지친 몸을
쉬게 하고 싶다.

소주와 벗을 삼고
취하면 꼭두잠을 자던 시절
꿈 속에서는 늘
백련사를 거쳐
향적봉에 오르곤 했다.

인고의 세월 견딘
향적봉 주목의 눈으로 본
치유되지 못한
역사의 아픈 상처들이여!

동족간의 원한일랑
한 점 남기지 말고
새털구름 위로
훨훨 날아가거라.

대숲 바람 — 담양 죽록원에서

: 2013. 12월 초순

엿장수 꼬임에
쇠스랑으로 엿 바꿔 먹고
어머니 꾸지람 피해 숨던 날
머릿결이 쭈뼛거리는
스산한 바람이 일었다.

아버지 돌아가시자
방 넓어 좋다 하던
일곱 살 철부지가
무안함에 찾아 들던 그날도

이제야 내리사랑을
조금은 알 것 같다.
긴 세월 병치레하던 아버지 모습
애틋하게 꾸짖던 어머니 모습이
대숲에 메아리 되어 맴돌고 있다.

몇 자 인지 모를 높은 곳에서
세월을 거스를 수 없는
스산한 바람이 인다.

무창포*의 겨울

: 2014. 청마의 해 벽두에

신비의 바닷길은 닫혀 있었다.
바른 정보를 알지 못한
뒤늦은 후회가 밀려왔다.

넘어질 듯 위태로운 포장마차
군밤 장수 할아범의 외침은 파도에 묻히고
칼바람 두려워하지 않는 아이들만
조개 줍느라 신이 난 바닷가.

갯바위 의지한 채 쫓기는 자들처럼
허겁지겁 소주잔을 기울이는 사람들.
신통치 않은 신년 운세를 한숨으로 달래고
얇아져만 가는 주머니 사정도
쓰디쓴 술잔 속에 하염없이 묻는다.

철 지난 백사장에 갈매기만 어슬렁대는데
휑하니 남겨진 신발 한 짝은
배추밭 갈아 엎은 촌부의 것인지
강제 해고된 노동자의 것인지

양쯔강 물은 금강 물을 만나
서해에서 사이좋게 어울리는데
불법 조업 단속 가는 수병의 방한철모에
석대도石臺島 낙조가 이글거린다.

* 무창포 : 충남 보령시에 있는 해수욕장으로 물이 갈라지는 신비의 바닷길로 유명하다.

영랑생가에서

: 2014. 7월 중순

모란이 피기까지
애타게 기다린 것은
조국 광복이었으리
모란이 뚝 뚝
떨어지는 밤이면
새암가에 모여
자작시를 낭송 하고

무서리 내리고
오메 단풍 들 때면
못다 이룬 사랑 그리워
가슴에 병이 깊었으리라
밀랍 인형 된 시인의 눈에
이슬이 맺힌다.

후학들의 겉치레 방문을
아쉬워하는지
피눈물로 되찾은
조국의 앞날을 걱정 하는지

* 강진 문학 기행 중 영랑 김윤식 시인 생가에서(영랑의 대표 시 '모란이 피기까지는'을 인용함)

다산 초당에서

: 2014. 7월 중순 강진 문학기행 : 다산 정약용 유배지에서

서러운 귀양살이
휘청거리는 마음
다잡을 수 없을 때
천일각에 올라 탐진만을 내려다본다.

관리들의 착취에 허리 휘는 민초!
양반 사회에서만 통용되는
겉치레 학문!
그의 마음은 떠도는 구름보다 더
심란하였으리.

야생차를 음미하며
목민심서에 담은 관리의 바른길.
영어의 몸으로 후학 양성에 전념하다
정들었던 큰 바위에 정석(丁石)
두 글자만 남기고 떠났구려.

초당지기의 웅얼거리는 혼잣말이
귓전을 때린다.
'왔다가 슬쩍 둘러보고 갈라믄
다리 아프게 뭣땀시 올라왔당가!'

청자 박물관에서

: 2014. 7월 중순. 강진 문학기행 : 강진군 대구면 소재 청자박물관에서

천년 빛을 간직한
작품이 탄생하기까지는
셀 수 없는 실패가 있었다.
때로는 좌절하고
고초도 당했다.

질 좋은 고령토를 찾아
수풀을 수없이 헤집었고
좋은 화목을 구하려
산을 넘고 강을 넘었다.

장인의 길은
외로운 고행의 길
매병을 깨뜨리면서
가정의 화목도 함께 깨뜨렸다.

순수한
고려청자 재현에 매달려온
보상받지 못하는 세월이여!

경제 원리와 다수의 힘에 밀리면서
힘들게 이어온 길.

강진만의 순한 해풍을 받아
일그러지고 갈라진 손끝에서
청자 재현이 성공하기를
두 손 모아 빌어본다.

'돝섬'(황금돼지섬)에서

: 2014. 9. 27일 마산 문학기행

3.15 민주의거의 혼과
노산의 시심이 숨 쉬고
얼큰한 아귀찜이
생각나는 항구
세월 호 여파로 두근거리는 가슴은
살랑대는 갯바람이 감싸주고
묵혀있던 스트레스는
뱃전의 갈매기가 씻어준다.

'황금돼지상' 앞에 서니
오늘 만큼은 부자 된 기분.
시(詩)비 어우러진 상록수림 따라
'파도소리 둘레길'을 걷자니
오늘은 신선이 되는구나.
출렁다리 아래 물고기는 없고
물속에 해파리만 그득하다.
그 무엇이
'보배섬'을 아프게 하는가!
유람선 홍을 돋우지만
감긴 눈 떠지지 않네.

농다리*

: 2015. 2월 초순

한 무더기 놓을 때마다
효심에 감복하고
또 한 무더기 놓으면서
위태로운 나라 걱정

주인을 위해 죽어간
용마의 고귀한 넋이
초평호 차가운 물 위에
은빛으로 날아오른다.

천년 세월에 힘겨운 디딤돌
피비린내 나는 역사의 변고 앞에
밤새워 목 놓아 울었는데
거센 문명의 회오리 앞에서도
의연히 버틸 수 있을까.

오기로 견딘 환란처럼
거추장스런 체면치레
모래밭에 묻어버리고

부서져 흙이 될 지라도
이 강물을 지켜 내겠다.

* 농다리 : 충북 진천에 있는 현존하는 돌다리 중 가장 오래된 돌다리. 고려 말 '임연' 장군이 부모상을 당한 효심 지극한 젊은 부인을 위해 하루아침에 용마를 이용해 놓았다는 전설이 전해 내려오는데 무거운 돌을 나르던 용마가 쓰러져 죽었다 함. 또 다른 전설에 의하면 나라에 변고가 있을 때마다 농다리가 밤을 새워 울었다 함.

노고산성에서*

: 2015. 6월 초순

뻐꾸기 울음 따라
연초록 솔숲 향기가
'메르스' 멍든 가슴을 씻는다.

다함께 어우러져
보듬어야 할 강산인데
동서로 갈라져
피골을 이루었구나.

떠도는 피울음 따라
쉼 없이 출렁이는
대청호 물결

어느 날 쯤 되어야
고요해 지려는가.
노고산 영령들 앞에
고개를 숙인다.

* 노고산성 : 대청호 오백리길 (찬샘 마을 뒤편)에 위치한 산성으로 백제 말 신라군에 대항해 큰 전투가 있었던 곳으로 피가 골을 이뤘다(피골)는 역사가 기록되어 있다.

심천深川*에서

: 2015. 9월 초순

물안개 피는 강변엔
개망초 늘어졌다.
무에 그리 급한지
저만큼 KTX 숨이 가쁜데
잠자리만 맴도는 간이역에
완행열차가 낮잠을 잔다.

옥계 폭포 물줄기에
가야금이 춤을 춘다.
노老작가 글방 뒤로
지친 햇살 잠기니
갓 자란 여린 상추
손님맞이 바쁘다.

* 심천深川 : 충북 영동군 심천면 심천 마을. 난계 박연 기념관, 월이산, 옥계폭포, 월류봉이 주변에 있는 금강 변 작은 마을

문경새재 옛길을 걸으며

: 2015. 10. 24일 문경새재 문학 기행

오랜만에 왔는데도
다람쥐는 반긴다.
가뭄 이겨낸 계곡에는
단풍보다 더 많은 인파

장원의 꿈을 안고
한양 길 가던 고갯길
옛 주막은 그대로인데
주모는 보이지 않는구나.

교귀정 주저앉아
엇갈린 청운의 꿈 그려볼 때
조령관 넘어온 구름
일어나라 재촉한다.

현충사 샘물

: 2016. 3월 초순 아산 현충사에서

샘물 한 모금으로 식히며
조선솔 비탈길이 닳도록
별 빛 받으며 말을 달렸다.
손가락에 피멍이 들 때까지
활시위를 당기고 또 당겼다.

한산도 큰 북소리
명량의 우렁찬 함성
그 함성 따라 용솟음쳤건만
노량 바다에 낙화 할 적
피 울음으로 지새운 긴 긴 밤

눈은 벌게지고
입술은 부르튼 채
광화문 네거리에서 내려 보는
민초들의 고단한 일상!
이것이 정녕 피로 지킨
이 강산의 진정한 모습이런가.

아산의 그 샘물로
핵우산 몰고 오는 미세먼지
거짓과 위선의 식물정치
배려와 타협 없는 이기심까지
말끔히 씻어내고 싶다.

도산서원陶山書院에서

: 2016. 6. 4일 도산서원 탐방

공의로운 저 강물은 알 것이다.
민족이 큰 화를 당하게 된
당쟁의 근원이 되려한 건 아니라고.

무지한 백성을 깨우치고
미래를 짊어질 후학을 양성하여
이 나라 이 민족
길이 살게 하려했음을.

6월의 훈풍이 서원을 휘감고
탐방객 웃음소리 용마루를 넘어도
으스스한 정막감만 맴도는 공간.

부국강성과 평화로운 강산을 바랬건만
허리 잘린 땅에서
아직도 아옹다옹 이라니.

강바람은 시원해도 발걸음이 무겁다.

하회河回 마을에서

: 2016. 6. 4. 안동 하회마을 탐방

부용대에서 내려온 불길이
만년송을 밝힌다.
잔잔하던 낙동강 물결이
환희의 외침으로 일렁거린다.

참나무 숯 줄불놀이에
백사장에 모인 사람들은
기쁨의 환성을 질렀다.

인재를 길러내던 병산서원
임진왜란의 아픔을 가슴에 품은
서애西厓 선생은 보이지 않는다.

'독도는 우리 땅' 이라는
피 끓는 외침을 바라고 계실까
분단된 강산을 내려다보며
가슴을 쓸어내리고 계실지.

만 그루 노송이 바르르 떤다.

선유도仙遊島에서

: 2016. 8월 하순 선유도에서

갈매기도 숨죽이던
고군산 군도
유랑객 고성방가에 빛이 바랜다.
개통을 앞둔 선유대교 난간위로
애절하게 부서지는
연락선 고동소리

별빛 더불어 신선이 노닐던 해변
모래밭에 슬며시 누우니
파도에 실려 오는 어부의 질긴 노래가
분주한 달빛 위로 날아오른다.
조개 잡는 늦 피서객
허공을 내젓는 호미 끝엔
휘날려버린 시간의 아픔이.
화해하지 못한 모진 사연이.

새벽안개가 펼치는
신비스런 공연 앞에
못다 푼 무거운 숙제
슬며시 내려놓는다.

소록도小鹿島

: 2016. 8월 하순 소록도에서

자식을 눈앞에 두고
안아보지 못하는 피울음을
해송은 알고 있을까?
아!
바위마저 울음을 못 참고
등 돌리고 앉아있다.

살아서는 나갈 수 없던 이 섬에서
나는 잡초처럼 시들어
버려졌을 것이다.
먼 나라에서 빛으로 찾아온
마리안느. 마가렛
두 천사가 없었다면.

피눈물을 뿌리며 견뎌온
한 많은 세월들!
파도마저 숙연한
소록도의 앞바다는
눈물로 마를 날이 없구나.

멀쩡한 몸으로
핑계만 늘어놓는
나그네의 부끄러운 마음을
구라탑救癩塔이 마구 후빈다.
'한센병은 낫는다!'

서러운 반달 서성대는
소록연륙교 아래로
환우의 넋이 된
바다새가 난다.

어깨의 무거운 짐일랑
왜선을 침몰시킨
거센 물살에 날리고
아픔 없고 눈물 없는 나라에서
평안한 안식 누리시기를.

갈대숲에서

: 2016. 10. 29. 신성리 갈대밭에서 시국을 한탄하며

늦가을 바람이
옷깃을 여미는데
철새는 어디쯤에 숨어있는가.

세파를 견디느라
파리해진 갈대가
탐방객 소꿉놀이에
피울음을 운다.

갯벌에 발 묶인 나룻배
꿈 찾아 떠날
사공을 기다리는데

마디마디
엮어진 실타래를
그 누가 풀어줄까.

추위 가고 새잎 돋으면
새도 다시 날아 올 것이니
마음을 정결히 하고
맞을 채비 하련다.

모시의 추억 — 한산 모시전시관에서

: 2016. 10. 29일 한산 모시전시관에서

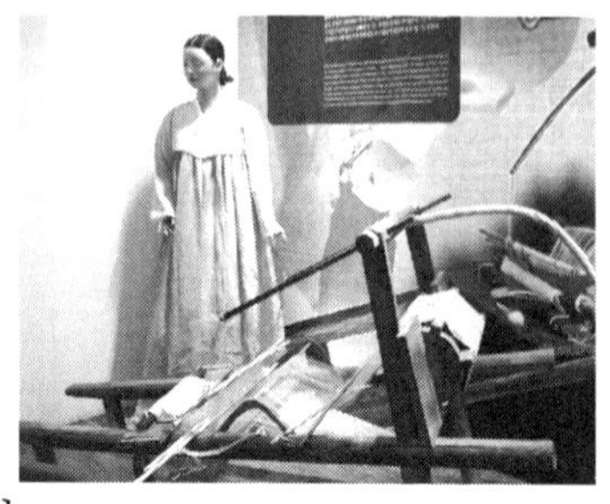

반들거리는 베틀은
어머니의 긴 한숨이요
피눈물이었다.
물집 잡힌 손마디에
자식 걱정 깊이 새겨지던 밤이면
뒷산 부엉이도 함께 울었다.

하늘거리는 모시 잎에
암울한 소식 전해오면
입술을 깨물며 드리는 애원
한 목숨 버리더라도
비겁하게 살지 말라는
어미의 피눈물 당부.

폭풍우 지나가고 그날이 오면
모시 한복 곱게 차려입고
사립문 밖까지 마중 가련다.
한쪽 눈을 잃었을지라도
당당하게 돌아온 아들
얼싸 안고 밤새워 춤추리라.

'산막이 옛길'을 걸으며

: 2016. 11. 15. 충북 괴산 '산막이 옛길' 을 걸으며

호반 골바람을 못 이겨
어지러이 춤을 추고 있는
구절초
얽혀버린 다래 넝쿨 사이로
주인을 기다리는 다람쥐
제풀에 늘어져 낮잠을 잔다.

실향의 아픔을 간직한
괴 강 절벽 따라
유람선이 미끄러지는데
물질에 신명난 물오리가
그 눈물을 알고 있을지.

돌부리마다 새겨진
아픔 많은 옛길을
괴나리봇짐도 메지 않고
시 한 수 읊조리지도 못한 채
무슨 낯으로 걷고 있는가?

긴 세월을 견뎌온 노송 앞에서
자꾸만 움츠러드는 나의 자존심
생각은 양보를 외치면서
마음은 화해를 말하면서
왜 먼저 손 내밀지 못하는가.

아!
'산막이 옛길'은
울지 않고는 걸을 수 없다.

'하롱베이'의 꿈 — 베트남 여행 후기

: 2016. 12. 8

아기섬에 둘러싸인
'하롱베이' 품에 안겨
눈을 감은 채
헝클어진 마음을 빗질하고 싶다.

은은한 '동굴 호수'는
구비 구비 무릉도원이다.
'이태백'은 아니라도
시 한 편 어찌 없으랴.

수많은 외침에도 굴하지 않고
피 흘려 지켜낸 산과 바다.
온 국민의 끈기와 인내가 이루어 낸
세계 문화유산.

오토바이 뒤엉킨 도로에서
검고 마른 이동 노점상들이
'위앤화'와 '원화'를 애걸한다.
얼마 전 우리의 모습이 아니던가!

빛진 자의 마음으로
세계 최고最高의 '회전 전망대'에 올라
머지않아 떠오를 '하롱베이'의 꿈을 본다.
지금은 활주로를 달리고 있는…

* '하롱베이' : 베트남 북부 관광지로 수천 개의 작은 섬으로 이루어진 군도. 섬으로 둘러싸여 파도가 없고 석회석 바닷물로 물고기가 없는 것이 특징.

4부

버팀목

이 땅에서의
여정 마치는 날
흐뭇하게 너털웃음 웃기 위해
남은 일기장은 순백이었으면.

숫돌

살이 에일지라도
이 한 몸 깎여 날이 선다면
두려워하지 않겠다.

시퍼런 날을 바라보며
헤치는 날이 아닌
이로운 날이기를.

숫돌이 빙긋이 웃으며
묻는 듯하다.

제 살 에이면서
그 누구를 위해 희생한 적이 있는가.
날 선 칼이 이롭게 써지기를
간절히 빌어보았는가.

흰머리가 어울리는 중늙은이가
빈 허공을 향해 게거품 물며
손사래 친다.

이발

거울 속에 웬 남자 하나
어색한 표정으로 마주한다.

듬성듬성한 수염과
성성한 흰머리가 더 친숙한데.

새카매진 머리가
자꾸만 멋쩍은데
요리조리 살펴보니
그런대로 멋있어 보이네.

세월타령 하면서
짜증만 냈었는데.

마담이 '오~빠' 하고
눈웃음 칠 것 같아
여기 저기 근지럽다.

오랜만에
가슴 펴고 웃어본다.

물은 셀프Self입니다

승용차에 길든 일상
버스 노선을 잊게 만들고
인스턴트에 길든 입 맛
청국장을 외면케 한다.

우리 것이 제일이라고 외치지만
홈쇼핑에는 외국브랜드 넘쳐나고
성형수술이 세계 최다인 나라.
애국가는 제대로 못 외면서
외국인 못지않은 팝송 실력!

구수한 된장 냄새에
피로를 잊던 몸이
피자와 치킨에 점령당한 후
화장실 가기가 두려워졌다.

언제부터인지
친숙해져 버린 문구

물은 셀프Self입니다.

7월에는

: 2013. 6월 말에

푸름이 넘쳐나는 7월에는
장마 중간 청명한 하늘빛처럼
내일을 염려하지 않았으면 좋겠다.

능소화가 웃음 짓는 7월에는
텃밭 옥수수 알찬 씨알처럼
이웃과 늘 화목하면 좋겠다.

교회 종탑 밑에
청포도 영글어가는 7월에는
부질없는 욕심
장대비에 씻겨 갔으면 참 좋겠다.

눈 병

길을 가면서도
버스 안에서도
눈을 떼지 못한다.
스마트폰을
깜박 두고 온 날은
일손이 안 잡히고.

젊은이들 풍속이려니 했는데
어느새 일상이 될 줄이야.
눈병 날만도 하지.
이른 더위가 몰고 온
'하의 실종 패션'
알뜰한 건지, 멋 부리는 건지.

시선 둘 곳 없어
허공을 보다가
어느새 흘끔 흘끔 눈 돌아간다.
이래저래
눈병 고치기는
어려운 계절이다.

시래기

보잘 것 없다고
함부로 버리지 마세요.
보릿고개 시절에는
끼니 대신 했답니다.
웰빙 바람 불어오니
다시 귀한 몸 되었지요.

당신은
구수하고 따끈한 모습으로
주린 노숙자를
대접한 적 있었는지요.

귀를 막고
수렁에 빠진 이웃을 외면하면
낭떠러지에서 부르짖을 때
손 내미는 자 없을 터.

연말이 가기 전에
긴 병치레하는 친구 찾아
따끈한 시래깃국
나누고 싶습니다.

숯불

: 2013, 12월 하순, 청마의 해를 맞으며

불을 품에 안고서야
어찌 옷이 타지 아니하며
숯불을 밟고야
어찌 그 발이 온전하리오.
푸새김치 하나로
밥을 먹는 들 어떠랴.
배부름으로 잠 못 드는
밤은 없을 것이며
과식하여 토하지도 않을 것이다.

타작마당에 서는 날
알곡으로 곳간에 들어갈 건지.
숯불에 던져질 쭉정이가 될 것인지.
옥상 물탱크 너머로
계사년의 꼬리가 감춰지고
한 세기 저편에서부터
갑오개혁의 깃발이 다가온다.

청마(青馬)는 비상하는데
칼바람이 오히려 시원하다.

* 참고 문헌 : 구약성경 (잠언, 전도서)

어처구니없어서

야트막한 등산길에도
숨차고 무릎 아프다.
휴대폰 찾느라 난리법석이다
정작 손에 들고 있으면서.

타지에 사는 아들 녀석
안부전화라도 늦으면
서운한 마음이 앞선다.

나 원 참
어처구니없어서.

지나온 날이 더 많을 텐데
남의 눈 티는 잘 보면서
내 눈 들보는
깨닫지 못하였구나.

많지 않은 시간
후회는 없어야겠다.
'기쁨은 바위에 새기고
아픔은 모래밭에 묻으면서'

초보 운전

'왕초보입니다.
놀라면 갑자기 후진할 수도 있습니다!'

'무섭고 떨립니다.
알아서 피해 가세요.'

미적거릴 때는 짜증나고
혀를 여러 번 차기도 했다.

되돌아 생각해 보니
처음부터 능숙한 사람 있으며
시작부터 번성할 수 있겠는가

땀 흘려 가꾸지도 않으면서
많은 수확을 바라는 건 아닌지.

나에게도 힘들고 암울했던
그 시절이 있지 않았던가!

이제는 비웃지 않으련다.

시치미

어떤 이는 추징금 안 내려
이십 구 만원 밖에 없다하고
표몰이 선심 공약은
그 자리에 오르면 잊어버린다.
최저 임금 노동자는 허리 휘어지는데
천문학적 벌금 나 몰라라 하는 재벌은
솜방망이 처벌에 웃는다.

시치미* 뚝 떼고
납작 엎드려야 하는지.
지키는 사람만 손해 본다는 생각에서
언제쯤 벗어날까.
어차피 불어 올 꽃샘바람이라면
이 가슴 뚫리도록
더 세게 불어 다오.

* 시치미 : 매 사냥 시 임자를 밝히기 위해 주소를 적어서 매의 꽁지 털 속에 메어둔 네모난 뿔을 이르는 말

마중물

: 2014년 6월 '세월호' 아픔에 즈음하여

살아있는 것이 죄인 같고
지켜주지 못해 미안한 시절

따스한 말 한마디에
피눈물이 멎고
어깨 토닥임 한 번에
힘을 얻을 것이다.

사막 한 가운데
낡은 펌프 한 대
누군가 떠 놓은
마중물 한 바가지가 있어야
목을 축일 수 있지 않을까.

뒤에 오는
목마른 이를 위해
마중물을 떠 놓을 때가
바로 지금이 아니던가!

목욕탕에서

세신 침대에 오르니
수술대 인 듯 떨린다.
묵은 때 벗겨지면서
질긴 상념도 벗겨진다.

반백의 머리에서는
거짓의 때
감춰진 겨드랑이에서는
비굴의 때

벌어진 사타구니에서는
음욕의 때
각질 낀 발바닥에서는
방황의 때가
벗겨져 내린다.

질곡의 눈물
눈치 채일까 봐
두 눈을 감는다.

솥뚜껑 구이 집에서

복더위에 지쳐버린
마른 가슴 적셔줄
신선한 링거 한 모금 찾아
그 집으로 달린다.

정성스레 쓴
시 한 편 앞에 놓고
열띤 토론에
얼굴까지 붉어지고

얽히고설킨
삶의 노래가
소박한 지면 위에
메아리치면

누린 누린
삼겹살 장단에 맞춰
두런두런
시가 익는다.
밤이 익는다.

믹스 커피

부대끼며 변했다.
올 곧은 생각으로
학처럼 살겠다던
유년시절의 꿈

종착역이 가까운 지금
거울 속에서
타협과 비굴로 얼룩진
야누스의 얼굴이 보인다.

그러나
눈보라를 이기려
헐렁한 외투를 꽉 부여잡고
믹스 커피 한 잔에
아직도 서툰 새벽을 연다.

난로

회관에서 종일 보내다가
보일러 스위치 내려놓고
전기장판으로 밤을 버틴다.

소식 없는 아들 꿈꾸다
첫 닭과 함께 일어나
쓴 담배 한 대로
거친 하루를 연다.

물질만능의 쓰나미 앞에
힘없이 휩쓸려 가는
민초를 구할 흰 돛단배는
어느 시절에 오려는지.

추위를 녹여 줄
화목난로가 못 된다면
한 줌의 불쏘시개가 되어
훨훨 타오르고 싶다.

우체통

눈보라 속에서도
빨간 망토 깃을 세우고
보랏빛 엽서를 기다립니다.

졸업 10년 만에 취직하고
맞벌이 20년 만에 집 장만한 소식에
큰 소리로 만세삼창 외쳤는데.

사업 실패로 월세 방으로 옮기고
시한부 판정받은 몹쓸 병 소식에
먹먹해진 가슴을 쓸어내려야 했습니다.

청양의 밝은 햇살처럼
재활의 꿈을 꾸는
젊은이들이 많아지는 세상.

불우한 이웃을 내 몸같이 아끼는
가슴 따스한 사연으로
차고 넘치기를 빌어봅니다.

버팀목

: 2015 2월 중순

젓배 곯던 늦둥이를 살린 건
보릿고개 온 몸으로 견디신
어머니의 애절한 눈물

초가삼간 등잔불 밑에서도
빈농 아들을 수석 졸업 시킨 건
막내누님의 귀한 희생이었다.

구비구비 힘든 가시밭길
버틸 수 있었던 건
놓지 않았던 믿음의 끄나풀

여백 없는 일기장
지우고 싶은 장면
되돌리고 싶은 순간이
한두 번이겠는가.

이 땅에서의
여정 마치는 날
흐뭇하게 너털웃음 웃기 위해
남은 일기장은 순백이었으면.

어중이

솜씨 좀 내보려고
신경 쓴 계란찜이
찜도 탕도 아닌
어중이가 되었다.

한 우물을 파도 어려울진대
이 산 저 산 휘둘러보고
달콤한 속삭임에
휘청거렸던 날들이여.

종착역에 내려서는 날
환한 웃음 짓기 위해
목청이 다 하는 날까지
가슴 적시는 시어詩語로
이 강산을 노래하리라.

둥지

: 2015. 9월 중순

젖은 몸 말리려
가지 사이 헤매다가
깃털은 빛이 바래고
꽁지도 빠졌다.

잔가지 모으느라
부리까지 멍들면서
작지만 아담하게
새 둥지를 틀었으니

이 밤은 다리 뻗고
곤히 잔들 어떠랴.

격랑에도 끄떡없도록
든든한 보호망을 쳐놓고.

망각

보릿고개 면한 지
얼마나 되었다고
음식물 쓰레기로
몸살 앓는 골목길

한 이불에 발 모으고
동장군도 잘 이겨냈는데
보일러에 보온매트까지 깔고
따뜻한 물 펑펑 쓰면서 무슨 불평인지.

물질의 위력 앞에
잊어버린 옛날이여
힘들었던 지난 일은
잊어야만 하는가.

앞만 보고 달려온 길
들마루에서 잠시 쉬면서
어깨의 무거운 짐
내려놓고 싶다.

넋두리

내뱉은 말은
주워 담을 수 없고
달변보다 침묵이
더 나을 수 있다.

나보다 못한 사람을
늘 마음에 두면
새벽 발걸음이
어찌 기쁘지 아니할까.

낙엽이 진다고
슬퍼하지 말자.
죽어야 새 이파리가
움틀 것인즉.

이 한 몸 죽어
밑거름이 될 수 있다면
아침 햇살에 스러지는
이슬이라 해도
탄식하지 않겠다.

공항에서

: 2015. 11월 하순 인천공항에서

솟아오르기 위해 내달릴지라도
목적지를 묻지 않으리라
누구를 태웠는지도
관심두지 않겠다.

실타래 같은 사연들을 배낭에 담은
분주한 순례자 얼굴에 비친
고단함과 회한의
잿빛 그림자

배웅하는 사람이 있어
뒷모습이 허전하지 않고
기다림의 희망이 있어
발걸음이 가볍지 아니한가!

한동안의 이별이 아쉬워 나눈
입맞춤의 여운이 가시기도 전에
돌아서는 인천 대교 안개비 사이로
휘청거리는 송도의 밤

새벽에

언제부턴지 알람소리가 정겹다.
새 양말 신겨주시며 학교 늦는다고
엉덩이 토닥거리시던
그 손길처럼

언제부턴지
눈을 뜨면서 미소가 번진다.
내일도 눈을 뜰 수 있을까하는
막연한 불안감에서 해방된 안도감에

언제부턴지 첫새벽이 상큼하다.
일어나는 수고로움보다
일 할 수 있는 시간과 공간이
이 나이에도 주어졌다는 기쁨에

오늘도 손 때 묻은 가방에
도시락 챙겨 넣고 달려 나간다.
폐지 줍는 노파가
해맑은 웃음을 보내주는
새벽길로

붉은 원숭이해를 맞으며
: 2016년 새해 벽두에

동녘 첫새벽에
솟아오르는 용트림
'붉은 원숭이'의 기를 받아
환하고 기쁜 해이기를 기원했건만
바램은 허망하고 구름은 잿빛이다.

제 밥그릇 챙기기에 바쁜
독선과 아집의 난장판
민생 외면하는 식물 정치 앞에서
길 잃은 민초의
벙어리 냉가슴!

분단의 수치심도 잊어버리고
둘로 갈려진 지루한 살바싸움에
핵우산 뒤집어 쓴 채
끓어오르는 답답함으로
살얼음 판 위에서 동동거려야 하는지.

해넘이 하는 날에는
부글부글한 마음 삭혀지고

먹먹한 가슴 위로받도록
지혜와 용맹을 주시고
온유와 자비를 베푸소서!

밥상

그 누가 앉은들 어떠냐.
삶의 정담이 있고
따스한 가슴이면 족하리.

둥그런 밥상 앞에
온 가족이 앉으면
된장국에 보리밥도 행복했다.

분주한 일상에서도
짧은 이 시간만큼은
서로의 눈을 그윽이 바라보는
다정한 만남이면 어떠랴.

조금은 풍성해진 밥상 앞에서
멍든 가슴을 풀어놓고
환하게 웃음 짓는
그런 시간이 되었으면.

항해

배에 올라
풍랑에 부대끼며
바다를 건넌다.

체념하지만 않는다면
무사히 뭍에
다다를 것이니

강풍에 찢기고
짠물에 찌든 양심 먼저
맑은 햇살에 말리겠다.

기상 예보

폭염의 기세에 눌려
시들해진 이파리
녹아내리는 만년설은
환경 파괴의 예보인가.

예측할 수 없는
변덕스러움에
힘없이 무너져 내린
마지막 자존심

이글거리는 시기심에
쫓겨 가는 뭉게구름아!
남은 세월 기상 예보는
늘 맑음이기를.

흔적을 지우며

: 2016. 9월 마지막 날 직장을 퇴사하며

책상 서랍을 정리한다.
묵은 먼지 닦아내고
주변을 둘러보니
안개 속에 스쳐가는
화살 같은 사연들.

뒤를 한 번 돌아봐라.
가슴을 때리는 소리에
선잠에서 깨어나니
어스름 달빛에
귀뚜라미 구성지다.

다시 못 올
흔적 앞에 선다.
내 여정의 종착역에서는
어떤 추억을 남길까.

| 작품해설 |

향토정신의 숨은 뜻을 찾아서

— 김유성 시인의 시세계

시인 조 남 익

1. 향토문학의 지평

향토문학이란 지방의 독특한 자연, 풍물, 풍속, 사상 따위가 표현되어 온 전통적 문학을 가리킨다고 할 것이다. 자기가 태어난 곳, 조상들이 생활한 곳, 소년시절을 보낸 곳으로, 요컨대 일정한 지역으로서 오랫동안 생활하던 곳이 되겠다.

김유성(金有星) 시인의 제2시집 『더덕, 꽃 피다』는 요즘에는 거의 보기 어려운 향토정신이 집약된 시집으로써 백여 편의 시가 수록되어 있다. 그는 《문학사랑》(2008)에서 등단한 후 82편이 수록된 첫 시집 『수남마을 이야기』(2012)를 상재한 바 있다.

전남 강진군 성전면 거목리(수남마을)에서 태어나 고향에서 학교를 다녔고, 지방공무원으로 근무하기도 했으니, 거의 토착민의 향토적 체험이라고 할 수 있다. 그것은 전인격적 체험이었고, 그리운 고향이 되었으며, 체득한 생명의 결정(結晶)으로써 시가 탄생한다고 하겠다.

아시는 것처럼 현재 우리 시단은 전통보다는 현대성이 속도전을 방불케 하는 감이 없지 않을 것이다. 포스트모더니즘의 징후는 도시라는 거대한 문명 속에서 억압되고 왜소화된 자아의 일상성과 세속성으로 해체된다. 도시의 익명(匿名)이 거기 숨어있다.

김유성의 시집 『더덕, 꽃 피다』는 전통적 서정시로써 시의 본질을 지킨다. 따지고 보면 우리 시의 산맥이 거기 있었다. 가령 박목월의 고향의 흙에는 시인의 독특한 서정성에 누구나 매료된다. 자연의 아름다움이나 향수의 미학은 지금도 인구에 회자된다.

박용래의 경우는 고유성의 재발견으로 결백성을 띤다. 그가 문명에 빼앗긴 향토의 정한과 연민으로 나아갔을 때, 그의 시는 반시대적 풍물과 애상에 떨어진 '소도구'들이 등장한다. 곧 "싸락눈, 강아지풀, 구절초, 참매미, 저녁눈" 등 보기 드문 다수의 옛 '소도구'로 시를 썼다.

다만 박목월이나 박용래의 경우, 그의 시들은 언어적 완성도가 매우 뛰어났다는 공통점이 있었다.

시인들이 '고향'을 노래하는 경향을 보면, 가장 많은 것이 과거의 고향과 유년시절을 회상하여 그 시절을 그리워하는 경향일 것이다. 정지용의 「향수」, 백석의 「여우난 곬족」, 김상옥의 「사향」 등이 그것이다.

그러나 타향에서 고향을 그리워하면서 고향이 지니고 있는 원초적 풍요로움과 혈연적 다정다감을 회상하는 것도 있다. 정지용과 백석의 「고향」이라는 시는 모두 이런 경우가 될 것이다.

김유성의 첫 시집 『수남마을 이야기』에서는 '수남마을'의 직접적인 회상은 물론, 2부 새벽 소낙비, 3부 유랑자의 꿈, 4부 늪에 빠진 여우 등에는 시적 자아가 현재 고난과 시련의 상황에 놓여 있음을 보인다.

제2시집에서도 1부 곰방대, 2부 숲에서, 3부 '산막이 옛길'을 걸으며, 4부 버팀목 등 첫 시집과 거의 같은 경향을 보인다. 고향을 잃어버린 자의 서민적 애환과 국내 곳곳을 여행한 기행시의 서정이 주류를 이룬다. 모두 향토문학의 중심적 자리를 지키고 있는 셈이다. 1부의 곰방대에서 작품을 보기로 한다.

한샛골* 다랑이 가을걷이 끝나고
장승등* 문중 밭에 무서리 내리면
겨우내 먹을 양식 거두려
손수레 끌고 온가족이 나선다.
엄마 뒤를 따라나선 늦둥이
줄기 거두라는 말은 뒷전이고
머리통만 한 알맹이 신기해서
옷 젖는 줄 모르고 뒹굴었다.

짧은 해 샛골* 능선에 걸리면

행복 가득 찬 손수레 끌고 밀며
휘파람 구성지게 내달리던
국화 향 그윽한 황톳길
좁은 안방 윗목에 두대통* 만들고
밤늦도록 갈무리 하고 나면
뿌듯한 기쁨에 피어나던 웃음꽃.

—「고구마」 전문

늦가을에 고구마를 수확하는 날의 상황과 추억이 손에 잡힐 듯 그려진 시이다. 특히 "한샛골, 장승등, 샛골" 등의 지명은 물론이고 "다랑이, 두대통" 같은 특수용어도 나온다. 현장감을 높이는 아련한 고향의 정취가 돋보인다.

김유성의 향토문학은 고향의 방언이나 특수용어의 활용과 함께 향토적 배경이나 토속적 분위기를 바탕으로 거기엔 훈훈한 공동체적 삶이 숨 쉰다. 옛 고향에 있는 토산물은 고구마뿐이 아니었다. 「곶감 먹는 밤」「옥수수 하모니카」「살구」「곰방대」가 있는가 하면, 「짜장면 한 그릇」「빛바랜 주민등록증」 등에서도 잊을 수 없는 추억과 그리움이 자리한다.

2. 서정시의 고향

향토문학으로 집중된 김유성의 시세계는 비교적 안정된 시의 길을 성취시켜 왔다고 할 수 있을 것이다. 그것은 시인이 설정한 일종의 제2의 자연이라고 할 수 있다. 시는 어떠한 도가니 속에서 정련과정을 거치는 것이라 한다면, 김유성의 고향의식이란 바로 그의 시의 태반(胎盤)에 다름 아닌 것이다.

어쩌니 해도 아름다움은 시의 힘이다. 시인의 고향에 대한 인식이 투철하고 깊을수록 시인의 에스프리는 독자성을 높이게 된다. 서정시가 갖는 생명의 직관이 여기 있다.

향토문학 또는 향토정신은 시대를 함축하면서 영원히 남을 그 어떤 구원성 또는 원형적 질감을 찾으려고 한다. 나는 새처럼 우리에게 끼치는 힘이 신비스러운 영혼과의 울림을 일으킨다. 향토문학은 어느 영역보다도 인간적 공통요소가 많은 까닭이다.

일찍이 서정시는 "우리들의 의식을 확대시키고 우리의 감수성을 세련시켜 주는 것"(T.S. 엘리어트)으로 정의되었다. 특히 감수성의 세련은 현대에 더욱 요구되는 것일 것이다. 서정시가 동시대의 삶을 함축하면서 그것은 고급의 질을 지향하기 때문이다.

고향의 노래로 시작되는 향토정신은 무엇보다도 서정시의 질료와 형식을 지배한다. 체험의 미학이 뒷받침된 제2의 자연이 비상하는 고향의 정취여야 하는 이유이다. 다음 시를 보면 첫사랑에까지 점화되고 있음을 볼 것이다.

보리 타는 냄새 온 들녘에 퍼지면
야트막한 돌담 위로 피어오르던
검붉고 소담스런 넝쿨 장미.
수줍은 첫사랑 고백하지 못하고

꽃 한 송이 살며시 건네주며
어색한 미소만 지어 보였네.

갯내음 싱그러운 탐진 강변에서
자전거 뒷좌석에 앉은 그녀의 두 팔은
그리도 따스하고 부드러웠는데.

세월 흐른 지금도 보리 타는 마을에는
넝쿨 장미 여전히 피어나건만
첫사랑 흔적만 돌담 위에 아련하고
꽃잎 닮은 내 마음만 검붉게 탄다.

—「넝쿨장미의 계절」

이 시는 첫 시집에 있는 작품이다. 넝쿨장미와 첫사랑의 비유가 시적 운치와 표현의 성숙을 함께 하고 있어 눈길을 끈다. 지금도 고향에 남아 있는 첫사랑의 추억은 또 하나의 생명의 비의(秘義)로서 선연한 아름다운 감동인 것이다.

사물의 근본적인 원형으로서 대자연은 어떤 현물로서만 존재하는 것이 아니다. 예술의 구극(究極)이 자연미에 환원되는 것이라면「넝쿨장미의 계절」은 자연의 뜻과도 일치하는 메아리의 울림인 것이다.

인간의 정서를 바탕으로 한 많은 서정시들은 우리가 잃어버린 것을 상기시키고 복원해내려는 회복의 꿈을 그린다. 그래서 문학은 인간의 묵시록(黙示錄)이 되기도 한다. '묵시록'이란 말없는 가운데 자기의 의사를 나타내는 이심전심의 세계인 것이다. 이 시는 애틋하면서도 아름다운 첫사랑의 '묵시록'이라 할 수 있을 것이다.

요컨대 향토정신의 세계는 서정시의 고향이다. 예술은 본래 무한한 것을 동경하고 그것에 도달하려는 시도이다. 따라서 예술은 우리가 보고 있는 실체의 외양에 대한 묘사가 아니라, 진정한 실체와 그 생활의 표현이다. 서정시는 마음 깊은 곳에 이르는 길이고, 영원한 세계로 들어가는 경지이다.

이와 같은 시의 가치는 정신적인 세계와 언어적 숙달의 원숙한 합일에 이를수록 완성도가 높아진다. 작자와 독자가 합일되고 공감하는 법열(法悅)의 경지가 거기 있기 때문이다.

3. 발견된 더덕꽃

「더덕, 꽃 피다」의 소재가 된 '더덕'은 초롱꽃과의 다년생 덩굴식물로 깊은 숲속에서 자란다. 더덕의 뿌리는 도라지처럼 굵고 식용 또는 약용으로 널리 이용되어 온다. 더덕구이는 대표적인 더덕의 요리라고 할 것이다.

더덕의 꽃을 보았다거나 더덕꽃을 아는 사람은 많지 않을 듯하다. 8~9월에 자주색 꽃이 짧은 가지 끝에서 밑을 향해 달린다. 열매는 9월에 익는다. 그러나 더덕은 꽃보다는 굵은 뿌리를 연상하게 되고, 그 식용이 널리 알려져 있기 때문에 꽃은 거의 관심 밖이라 해도 과언이 아닐 것이다.

김유성의 「더덕, 꽃 피다」는 꽃이 발견된 하나의 기쁨이 표현된 것이다. 그 꽃은 고향에 숨어있는 나의 꽃이었던 것이다.

등걸이라도 있어야한다.
혼자서는 오를 수 없기에.
어느 때쯤 되어야
홀로 설 수 있을까.

장맛비에 함빡 젖고
땡볕에 타들어 가면서도
복더위 한 가운데
아름다운 망울을 터뜨렸다.

서늘한 바람이 숲을 가로지르면
따스한 햇살이 깨울 때까지
엇갈린 인연들을 묻어 둔 채
동면의 나라로 빠져들고 싶다.

남아있는 적은 시간을
보람 있게 쓰기 위해
이 겨울은 충전하리라.
아무에게도 간섭 받지 않고.

—「더덕, 꽃 피다」 전문

이 시는 더덕의 4계절에 따른 시적 화자의 담담한 자아성취의 뜻을 보인다. 4연은 춘하추동으로 배치되어 있다.

봄(1연)의 준비를 거쳐 여름(2연)에는 복더위 속에서 아름다운 꽃망울을 터뜨린다. 그러나 가을(3연)이 오면 서늘한 바람이 숲을 가로지르게 되고, 겨울(4연)에는 동면의 시기로 새로운 충전을 다짐한다.

더덕꽃을 발견한 시인의 내면세계는 더덕과 혼연일체가 되어 자아의 성숙을 다짐하는 것이다. 그것은 곧 나의 발견이었던 것이다.

이 계열의 작품에는 「뚱딴지꽃」 「매미」 「봄비」 「잡초」 「청소 아줌마」 등이 2부에 나와 있다.

「뚱딴지꽃」은 못생기고 역한 냄새가 나는 모양새인데, 엉뚱하게도 예쁜 꽃이 핀다고 해서 뚱딴지꽃이라 하고, 사전에도 수록되어 있지만, 항간에서는 '돼지감자 꽃'으로 더 많이 알려진 것 같다. '뚱딴지'란 식물은 국화과의 다년초로 땅속줄기의 끝이 굵어져서 덩이줄기가 발달한다. 그리고 9~10월에 가면 가지 끝에 노란 두상화(頭狀花)가 핀다.

시인은 "못 생기고 맛없다 하지만/ 나름대로 쓸모가 있답니다"(1연) 하며, 이 시 역시 내면화의 인격성을 부여한다. "얽히고설킨 나의 가시밭길"이며, "세끼 양식을 얻기 위한/ 처절한 몸부림이라고"(끝연) 등 치열한 자기 자신과 만난다. 그것은 곧 자신의 모습이기도 했던 것이다.

「매미」에서는 매미의 기이한 생활사와 관련되어 있다. 매미는 알에서 부화하고 그 유충이 성충이 되기까지에 무려 5~6년이 소요되는데, 그 유충은 땅속의 구멍에서 오래 생활하게 된다. 성충이 될 때에는 껍질을 벗게 된다. 그러나 매미의 화려한 일생은 한 여름으로 끝난다.

매미는 계절의 도래를 알리고, 그 종류도 많아 인간의 생활과 관계가 깊은 편이다. 이 시에서는 매미의 일생을 담담

한 필치로 그리며, 삶의 허무를 암시하고 있다고 하겠다.

시적 상상력은 종횡무진이지만, 어떤 점에서는 원시적 사고에 이르기도 하고, 거기서 신비적인 경지를 만나기도 한다. 향토문학의 흙이나 뿌리의식은 바로 근원적인 사물과 정서의 세계를 함께 한다고 할 것이다.

김유성의 시에서도 더덕이나 뚱딴지꽃 또는 매미 같은 것에서 찾고 있는 것은 무소유의 대자연에서 드러내는 순정한 삶의 진실이라고 할 수 있다. 그것은 근원적인 생태계의 대자연이기도 한 것이다.

4. 향토정신의 파노라마

제2시집 4부에서는 향토정신의 생태적 관찰이, 점차 윤리의식의 시정신이 우위에 오르며, 자기 신념을 정립한다. 그것은 시인의 향토정신의 발전적 파노라마를 보인다.

「숫돌」「물은 셀프(self)입니다」「숯불」「마중물」「목욕탕에서」「난로」「버팀목」 등의 작품이 그것이다. 시 쓰기의 새로운 변화와 사회적 성격을 함께 하면서 시인적 성숙성의 한 자질을 드러낸다. 다시 말하면 김유성의 시인적 해조(諧調)가 거기 있다. 모든 예술의 중심에는 작가의 독자성이 있는 것인데, 김유성의 독자성도 여기서 찾을 수 있을 것이다.

승용차에 길든 일상
버스 노선을 잊게 만들고

인스턴트에 길든 입 맛
청국장을 외면케 한다.

우리 것이 제일이라고 외치지만
홈쇼핑에는 외국브랜드 넘쳐나고
성형수술이 세계 최다인 나라.
애국가는 제대로 못 외면서
외국인 못지않은 팝송 실력!

구수한 된장 냄새에
피로를 잊던 몸이
피자와 치킨에 점령당한 후
화장실 가기가 두려워졌다.

언제부터인지
친숙해져 버린 문구

물은 셀프Self입니다.

—「물은 셀프(self)입니다」 전문

세계화의 물결을 타고 우리의 현실은 많은 변화가 왔다. 사람들은 승용차에 길들여져 있고, 넘쳐나는 외국 상표는 물론 외국의 대중가요 등을 자연스럽게 보고 듣는 세상이 되었다. 그것의 함축이 '물은 셀프(self)입니다'라는 시의 제목이 되었다.

'셀프'는 '셀프 서비스'에서 온 말로 현대의 한 풍속도로 봐도 될 것이다. 자급식 판매방법의 하나로 자기가 먹을 것은 자기가 날라다 먹는 방법인 것이다.

이 시는 그 착상과 언어구사가 신선한데 그것은 외래어가 저항감을 갖지 않게 자연스럽게 스몄기 때문일 것이다. 시인의 시인적 적응력이 거기 있었다.

시인의 정신은 다양하고 미묘하게 결합되어 있는 관념체계로 일컬어진다. 김유성 시인의 시정신이 분출하는 것을 보게 되는 것은 하나의 기쁨이기도 하다. 그의 시인적 능력에 대한 신뢰이기도 하려니와 그 정신적 원자에 대한 기대가 또한 있기 때문이다.

A. 물질만능의 쓰나미 앞에
힘없이 휩쓸려 가는
민초를 구할 흰 돛단배는
어느 시절에 오려는지.

추위를 녹여 줄
화목난로가 못 된다면
한 줌의 불쏘시개가 되어
훨훨 타오르고 싶다.

— 「난로」(3, 4연)

B. 반백의 머리에서는
거짓의 때
감춰진 겨드랑이에서는
비굴의 때

벌어진 사타구니에서는
음욕의 때
각질 낀 발바닥에서는

방황의 때가
벗겨져 내린다.

— 「목욕탕에서」(2, 3연)

(A)가 '난로'에 의탁된 의지의 표출이라면, (B)는 목욕탕에서 벌거벗은 몸을 대상으로 "거짓의 때, 비굴의 때, 음욕의 때, 방황의 때"가 가차없이 질타된다. 글이란 모름지기 뜻으로 얻어야 귀한 것이라고 한다.

김유성 시인은 첫 시집 『수남마을 이야기』에서 다시 이번 제2시집 『더덕, 꽃 피다』로 향토문학에 집중하면서 그 속에 들어있는 향토정신의 숨은 뜻을 찾아 시 쓰기를 계속해 온다.

향토정신에 관한 이와 같은 작업은 이미 소설에서 성과가 있어 온다. 아시는 바와 같이 이 문구의 연작소설 『관촌수필』은 모두 8편인데, 충남 보령의 갈머리부락(관촌마을)을 중심으로 고향의 토속어 · 민중어로 전통문학을 종횡으로 설전하는 효과를 낸다.

그런가 하면, 김유성 시인의 고향 전남 강진의 바로 이웃인 장흥군 안양면에는 이상문학상 수상작가인 한승원이 있다. 그의 단편집 『어머니』에는 11편의 소설이 고향의 생태환경에서 일어나는 민중의 애환과 특이한 성격들이 얼크러져 사건의 만화경(萬華鏡)을 보인다. 그의 문체는 사건도 사건이지만 서정적인 묘사가 담백한 맛을 낸다.

김유성 시인은 자신이 태어나고 성장한 향토세계를 내용

으로 한 생태성 묘사의 서정으로부터 시를 쓴다. 이번 제2시집 『더덕, 꽃 피다』는 첫 시집 『수남마을 이야기』에 이은 고향의 풍물과 대자연, 그리고 서민적인 삶의 원초적인 정서와 문학성이 뒷받침된다. 그의 시는 고향에 바쳐지는 찬미적 자서전이기도 하다.

그러나 그의 시는 점차 정화되면서 현실인식과 만나게 되고, 시가 탄력을 받으면서 향토정신의 새로운 진경을 보일 것이라 믿는다.

더덕, 꽃 피다

김유성 시집

발 행 일 | 2017년 4월 10일
지 은 이 | 김유성
발 행 인 | 李憲錫
발 행 처 | 오늘의문학사
출판등록 | 제55호(1993년 6월 23일)
주 소 | 대전광역시 동구 대전로 867번길 52(한밭오피스텔 401호)
전화번호 | (042)624-2980
팩시밀리 | (042)628-2983
전자우편 | hs2980@hanmail.net
카 페 | cafe.daum.net/gljang(문학사랑 글짱들)

공 급 처 | 한국출판협동조합
주문전화 | (070)7119-1752
팩시밀리 | (031)944-8234~6

ISBN 978-89-5669-809-0
값 9,000원

ⓒ김유성, 2017

* 이 책은 교보문고에서 E-Book(전자책)으로 제작하여 판매합니다.
* 잘못 제작된 책은 바꾸어 드립니다.